¡Conocimiento a tope!
Iniciadores científicos

¡Descubre dinosaurios!

Crystal Sikkens

Traducción de Pablo de la Vega

CRABTREE
PUBLISHING COMPANY
WWW.CRABTREEBOOKS.COM

Objetivos específicos de aprendizaje:
Los lectores:

- Darán al menos tres ejemplos de cómo los fósiles nos ayudan a aprender sobre los dinosaurios.

- Explicarán cómo se forman los fósiles.
- Darán ejemplos de cómo las fotografías y las ilustraciones complementan el texto.

Palabras de uso frecuente (primer grado)	Vocabulario académico
cómo, de, estaba, puede(n), que, son, tenía(n)	científico, dinosaurio, huella, esqueleto, fósil, restos

Estímulos antes, durante y después de la lectura:

Activa los conocimientos previos y haz predicciones:
Pide a los niños que tengan una conversación de dos minutos sobre dinosaurios con su compañero de al lado. Cuando hayan terminado, pídeles que repitan en voz alta parte de la información que intercambiaron.

Di a los niños que leerán un libro llamado *¡Descubre dinosaurios!* Dales 20 segundos para hojear el libro, pero pídeles que miren sólo las imágenes. Rétalos a adivinar de qué tratará la lectura basados en lo que vieron. Al acabar los 20 segundos, permíteles compartir sus ideas.

Durante la lectura:
Después de leer las páginas 6 a 9, pregúntales:

- ¿Cómo se convierten en fósiles plantas y animales?

- ¿Qué información extra aportan las imágenes?

- ¿Cómo las imágenes en las páginas 8 y 9 te ayudan a entender por qué los fósiles pueden romperse al ser encontrados?

Después de la lectura:
Pide a los niños que señalen las tres imágenes del libro que les parecieron más interesantes. Haz que trabajen en grupos para describir lo que aprendieron de cada una.

Author: Crystal Sikkens

Series development: Reagan Miller

Editors: Bonnie Dobkin, Janine Deschenes

Proofreader: Melissa Boyce

STEAM notes for educators: Bonnie Dobkin

Guided reading leveling: Publishing Solutions Group

Cover and interior design: Samara Parent

Photo research: Crystal Sikkens and Samara Parent

Print coordinator: Katherine Berti

Translation to Spanish: Pablo de la Vega

Edition in Spanish: Base Tres

Photographs:
Getty Images: Patrick AVENTURIER: p. 19, p. 20
iStock: benedek: p. 5; BertBeekmans: p. 10; milehightraveler: p. 18 (both);
Shutterstock: frantic00: cover; Cocos.Bounty: title page; Hugh K Telleria: p. 6; Patchamol Jensatienwong: p. 12 (br); Jaroslav Moravcik: p. 17; gob_cu: p. 21
Wikimedia: Brett Neilson: p. 11
All other photographs by Shutterstock

Library and Archives Canada Cataloguing in Publication

Title: ¡Descubre dinosaurios! / Crystal Sikkens ;
    traducción de Pablo de la Vega.
Other titles: Discovering dinosaurs! Spanish
Names: Sikkens, Crystal, author. | Vega, Pablo de la, translator.
Description: Series statement: ¡Conocimiento a tope! Iniciadores
    científicos | Translation of: Discovering dinosaurs! |
    Includes index. | Text in Spanish.
Identifiers: Canadiana (print) 20200299999 |
    Canadiana (ebook) 20200300008 |
    ISBN 9780778783954 (hardcover) |
    ISBN 9780778784074 (softcover) |
    ISBN 9781427126474 (HTML)
Subjects: LCSH: Dinosaurs—Juvenile literature.
Classification: LCC QE861.5 .S5518 2021 | DDC j567.9—dc23

Library of Congress Cataloging-in-Publication Data

Names: Sikkens, Crystal, author. | Vega, Pablo de la, translator.
Title: ¡Descubre dinosaurios! / Crystal Sikkens ;
    traducción de Pablo de la Vega.
Other titles: Discovering dinosaurs! Spanish
Description: New York : Crabtree Publishing Company, 2021. |
    Series: ¡Conocimiento a tope! Iniciadores científicos | Includes index.
Identifiers: LCCN 2020034145 (print) |
    LCCN 2020034146 (ebook) |
    ISBN 9780778783954 (hardcover) |
    ISBN 9780778784074 (paperback) |
    ISBN 9781427126474 (ebook)
Subjects: LCSH: Dinosaurs--Juvenile literature. | Fossils--Juvenile literature.
Classification: LCC QE861.5 S485518 2021 (print) |
    LCC QE861.5 (ebook) | DDC 567.9--dc23

Printed in the U.S.A./102020/CG20200914

Índice

Crabtree Publishing Company

www.crabtreebooks.com   1-800-387-7650

Published in Canada
Crabtree Publishing
616 Welland Ave.
St. Catharines, Ontario
L2M 5V6

Published in the United States
Crabtree Publishing
347 Fifth Ave
Suite 1402-145
New York, NY 10016

Published in the United Kingdom
Crabtree Publishing
Maritime House
Basin Road North, Hove
BN41 1WR

Published in Australia
Crabtree Publishing
Unit 3 – 5 Currumbin Court
Capalaba
QLD 4157

Vivir hace mucho

Los dinosaurios son animales que vivieron hace millones de años. No había gente en la Tierra en aquel momento. Eso significa que no había nadie que escribiera sobre los dinosaurios o los dibujara.

Todos los dinosaurios eran **reptiles**, como las serpientes y los lagartos. De hecho, la palabra dinosaurio significa «lagarto terrible».

Entonces, ¿cómo es que los **científicos** saben hoy en día sobre estos animales? ¡Gracias a los **fósiles**!

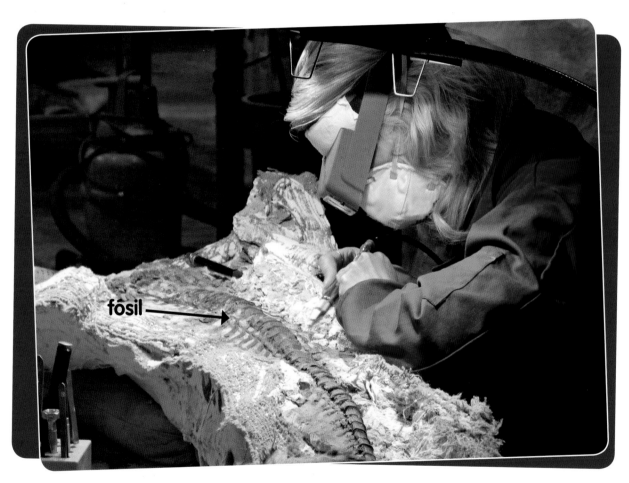

fósil →

Los fósiles pueden dar pistas a los científicos sobre cómo se veían y vivían los dinosaurios. La información de los fósiles ayuda a la gente a dibujar cómo podrían haberse visto los dinosaurios.

¿Qué es un fósil?

Los fósiles son **restos** de plantas y animales que vivieron hace mucho tiempo.

El **esqueleto** de este dinosaurio está hecho de muchos fósiles.

La mayoría de los fósiles se forman cuando una planta o animal mueren cerca del agua y quedan enterrados en el lodo. Con el tiempo, partes de la planta o el animal se convierten en piedra.

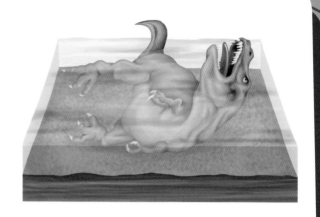

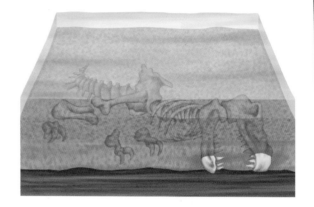

Con el tiempo, más **tierra** se acumula sobre el fósil.

Excavando fósiles

Los fósiles terminan cubiertos de muchas capas de tierra. Sin embargo, con el tiempo, la tierra puede moverse o romperse y descubrir los fósiles.

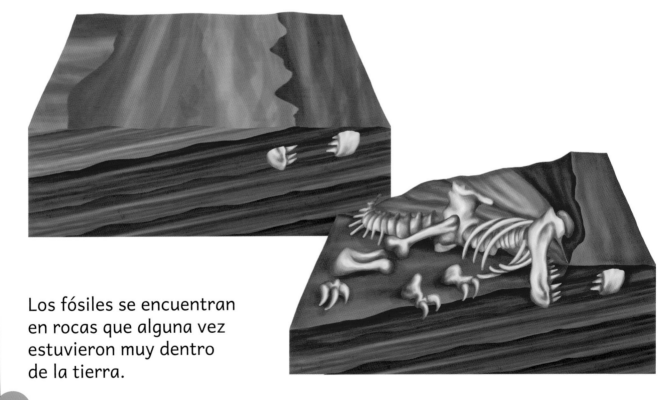

Los fósiles se encuentran en rocas que alguna vez estuvieron muy dentro de la tierra.

Los fósiles más viejos son encontrados en lugares más profundos que los más nuevos.

Los fósiles pueden romperse fácilmente. Los científicos tienen que desenterrarlos con mucho cuidado.

Cuerpos fósiles

Los fósiles formados a partir de partes de animales son conocidos como cuerpos fósiles. Pueden incluir huesos, garras o dientes.

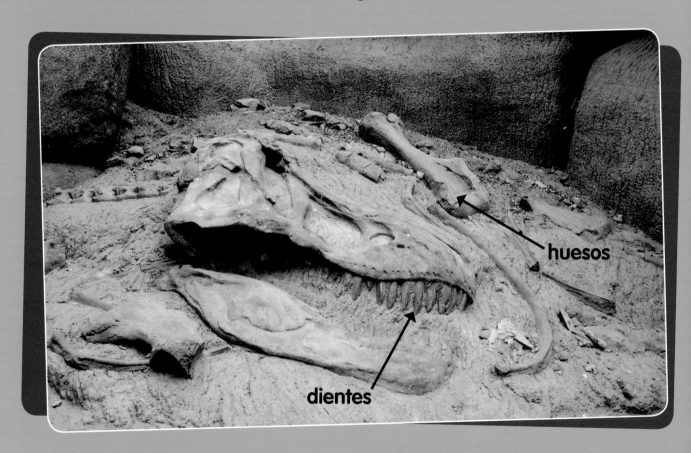

huesos

dientes

Los cuerpos fósiles se forman normalmente a partir de las partes más duras del cuerpo de un animal.

Los científicos estudian los cuerpos fósiles de dinosaurios para descubrir sus tamaños y formas. Pueden incluso saber si un dinosaurio tenía plumas o nadaba en el agua.

Estos científicos estudian el fósil de la cabeza de un dinosaurio. El fósil les ayuda a saber cómo era el cerebro del dinosaurio.

Dino defensas

Los científicos también usan los cuerpos fósiles para saber cómo se **defendían** los dinosaurios al ser atacados.

cuernos

placas

Algunos dinosaurios usaban los puntiagudos cuernos de su cabeza.

Otros dinosaurios tenían placas en sus lomos y púas en sus colas.

Había un tipo de dinosaurio que tenía un bulto óseo
en la punta de la cola que le servía de **protección**.

Tipos de dientes

Los dientes fósiles son cuerpos fósiles que ayudan a los científicos a saber qué comían los dinosaurios. Los dinosaurios de dientes largos y puntiagudos comían carne.

dientes largos y puntiagudos

Los dinosaurios que comían plantas tenían dientes anchos y planos. Estos dientes los ayudaban a moler y machacar plantas duras.

dientes
anchos
y planos

Huellas fósiles

Algunas pisadas de dinosaurio o marcas de garras se convirtieron en piedra. A este tipo de fósiles se les llama huellas fósiles.

Las huellas fósiles son huellas, o signos, de la vida de un animal.

pisada

Las huellas fósiles ayudan a los científicos a saber cómo se movían y comportaban los dinosaurios.

huevos de dinosaurio en un nido

Los nidos, las cáscaras de huevo e incluso la popó también son huellas fósiles.

Encontrando pisadas

Un camino de pisadas puede mostrar a los científicos si un dinosaurio caminaba en dos o cuatro patas.

El dinosaurio que dejó estas pisadas caminaba en dos patas.

Este dinosaurio caminaba en cuatro patas.

Medir la distancia entre pisadas puede mostrar qué tan rápido se estaba moviendo el dinosaurio.

Mientras más grande sea la distancia entre las pisadas, más rápido se estaba moviendo el dinosaurio.

Descubre más

Más de 15,000 fósiles de dinosaurios han sido encontrados alrededor del mundo. Los científicos creen que aún quedan muchos por descubrir.

Estos huesos pertenecían a un tiranosaurio rex.
Fue uno de los dinosaurios carnívoros más grandes.

Cada nuevo fósil nos ayuda a saber más sobre los dinosaurios y el mundo en el que vivían.

Los científicos comparten en los museos la información que obtienen de los fósiles. También comparten información con otros científicos.

Palabras nuevas

científicos: sustantivo. Gente experta en ciencia.

defendían: verbo. Que se protegían de un ataque.

esqueleto: sustantivo. Los huesos de una persona o animal que conforman la estructura del cuerpo.

fósiles: sustantivo. Partes o huellas de plantas o animales que se convirtieron en piedra.

protección: sustantivo. El acto de proteger o mantener a salvo.

reptiles: sustantivo. Un grupo de animales de sangre fría con columna vertebral.

restos: sustantivo. Partes de seres vivos que quedan después de que mueren.

tierra: sustantivo. El material sólido que cubre el suelo.

Un sustantivo es una persona, lugar o cosa.

Un verbo es una palabra que describe una acción que hace alguien o algo.

Un adjetivo es una palabra que te dice cómo es alguien o algo.

Índice analítico

Sobre la autora

Crystal Sikkens ha estado escribiendo, editando y haciendo investigaciones fotográficas para Crabtree Publishing desde 2001. Ha ayudado en la producción de cientos de títulos de diversos temas. Recientemente escribió dos libros para la popular serie Be An Engineer.

Para explorar y aprender más, ingresa el código de abajo en el sitio de Crabtree Plus.

www.crabtreeplus.com/fullsteamahead

(página en inglés)

Tu código es:
fsa20

Notas de STEAM para educadores

¡Conocimiento a tope! es una serie de alfabetización que ayuda a los lectores a desarrollar su vocabulario, fluidez y comprensión al tiempo que aprenden ideas importantes sobre las materias de STEAM. *¡Descubre dinosaurios!* ayuda a los lectores a entender cómo las fotografías y las ilustraciones pueden ser usadas para respaldar la información proveída por un texto. La actividad STEAM de abajo ayuda a los lectores a expandir las ideas del libro para el desarrollo de habilidades científicas y artísticas.

¡Conviértete en un detective de dinosaurios!

Los niños lograrán:
* Analizar una imagen.
* Hacer inferencias basados en lo que ven.

Materiales
* Folleto sobre huesos.
* Hoja de trabajo «Sé un detective de dinosaurios».

Guía de estímulos
Después de leer *¡Descubre dinosaurios!*, pregunta a los niños:
* ¿Qué es un fósil?
* ¿Cómo se forman los fósiles?
* ¿Qué podemos aprender de los fósiles?

Actividades de estímulo
Recuerda a los niños que casi todo lo que sabemos de los dinosaurios lo aprendimos de los fósiles. Pregunta:
* ¿Qué cosas podemos averiguar con seguridad al estudiar fósiles? (Tamaño, cómo se movía el animal, qué comía).
* ¿Qué cosas no podemos saber con certeza al estudiar fósiles? (El color, qué ruidos hacían, cómo eran sus ojos).

Pide a los niños que razonen sus respuestas.

Divide a los niños en grupos pequeños. Da a cada grupo un folleto sobre huesos y da a cada niño una hoja de trabajo «Sé un detective de dinosaurios».

Di a los niños que tendrán la oportunidad de hacer lo que hacen los científicos cuando estudian fósiles: usan a los fósiles como pistas para descubrir cómo se veía el animal.

Pide a los niños que comiencen por ver la imagen y señalando los detalles dentro del grupo. ¿Qué es lo primero que ven? ¿Qué más ven? Luego, pídeles que llenen la primera parte de su hoja de trabajo «Sé un detective de dinosaurios». Estudia el fósil. De ser necesario, da un ejemplo: «Veo que la cabeza es larga y delgada. Escribiré esas dos palabras en mi hoja de trabajo».

Cuando los niños terminen, permite a los grupos compartir con el resto de la clase sus reflexiones y respuestas.

Extensiones
Pide a los niños que dibujen cómo piensan que se vería su dinosaurio. Recuérdales que hay cosas que saben con certeza y otras que tienen que adivinar. Luego, los niños podrán compartir y comparar sus dibujos.

Para ver y descargar las hojas de trabajo, visita **www.crabtreebooks.com/resources/printables** o **www.crabtreeplus.com/fullsteamahead** (páginas en inglés) e ingresa el código **fsa20**.